プロレス・ファン

新日本プロ
UWF
武田信玄
織田信長

風林火山
日本一
家康

はじめに

本書の元になっている『いかすプロレス天国』の出版から約二十年の月日が経とうとしている。

その間プロレスを取り巻く環境や状況は大きく変化した。

アントニオ猪木は引退し、ジャイアント馬場は天国へと旅立った。

カリスマを失くした日本のプロレス界はインディーズ団体が乱立し誰が何処のレスラーかも分からなくなってしまった。

そんな現状に迷いつつも僕らは「プロレス名鑑」片手にけな気に応援し続けた。

しかし、時を同じくして「K―1」や「プライド」の異種格闘技がメジャー化してくるや、たちまちプロレスファンたちはこぞってそちらに移行した。

それもそのはず、僕らプロレスファンが永年追い求めた夢、「最強」のリアルファイトがそこにあったからだ。

プロレス冬の時代の到来だった。

それでも僕らはプロレスには「リアルファイト」という簡単な言葉だけでは収まりきらない奥行きと深みがあるのだとナナメに信じてきた。

二〇〇一年、新日本プロレスのレフェリーだったミスター高橋氏が一冊の本を出した。

プロレス界のタブーが赤裸々に綴られたその本で、これまでずっとプロレスファンの中で消すことのできない幾つかのモヤモヤした点が線になった。

なったというより、なってしまったと言ったほうがよい。

考えてみれば当たり前のことだが、言い換えてみれば、突然「ネス湖のネッシーは私が作った模型です」なんて言われたようなもので、「やっぱりそうでしたか、ハハハ…」と軽く受け流せる訳もない。

ちょっと待ってくれ、これまでネッシー探索隊や研究機関まで設けてロマンを追い求めて来た僕らの気持ちはどうなる⁉

これで、ついにプロレスは絶滅の一途を辿ってしまうのか？ と思いきや、プロレスは「ハッスル」というエンターテイメントとしてファンのハートを射止めた。

「ハッスル」がプロレスの進化形などでは決してない。ファンが進化したのだ。この約二十年の間ファンたちは自らの居場所を暗中模索しながら進化し続けていたのだ。

それぞれのプロレスの観方、楽しみ方を見つけたファンは強い。WWEの日本興行も成功を収めている。

さあ、またプロレスの時代がやって来る。その前に本書で、昭和の終わりから平成にかけての「プロレス黄金時代」の名レスラーたちを懐かしみ、想い出していただきたい。

きっと、未来のプロレスのヒントが隠されているはずだ。

漫画家　マエオカ・テツヤ

想ひ出のいかすプロレス天国　もくじ

はじめに　〇〇八

第1章◎カリスマ・レスラー　〇一五

力道山　16
アントニオ猪木　18
ジャイアント馬場　20
佐山聡（初代タイガーマスク）24
前田日明　26

第2章◎新日系レスラー　〇三一

長州　力　32
橋本真也　34
蝶野正洋　36
武藤敬司　38
藤波辰爾　39
坂口征二　40
馳　浩　42
マサ斎藤　44
獣神サンダー・ライガー（山田恵一）46
木戸　修　48
小林邦明　50
アニマル浜口　52
ヒロ斉藤　54
ストロング小林　56
木村健悟　57
越中詩郎　58
キラー・カーン　59
スーパー・ストロング・マシン（平田淳二）60

ジョージ高野　61
若松一政　62
山本小鉄　63
栗栖正信　64
星野勘太郎　65
ドン荒川　66
保永昇男　67
新倉史裕　68
小杉俊之　69

第3章◎旧・全日系レスラー

天龍源一郎　72
阿修羅・原　76
ラッシャー木村　78
ジャンボ鶴田　80
谷津嘉彦　81
三沢光晴（二代目タイガーマスク）　82
小橋健太・小川良成　83
サムソン冬木　84
川田利明　85
ザ・グレート・カブキ　86
百田光雄　87
輪島大士　88
渕　正信　90
石川敬士　92
永源　遙　93
高木功・田上明　94
菊地　毅　95
ハル薗田　96
ロッキー羽田　97
グレート小鹿　98
大熊元司　99
仲野信市　100
佐藤昭雄　101

第4章◎UWF系レスラー　一〇三
高田延彦 104
山崎一夫 106
船木誠勝 108
藤原喜明 110
安生洋二・中野龍男・宮戸成夫 112

第5章◎独立系・フリー　一一五
大仁田厚 116
ターザン後藤 119
サンボ浅子 120
高野俊二（拳磁）121
グレート・サスケとみちのくプロレス 122
上田馬之助 124
剛　竜馬 126
北尾光司とインディー軍団 128
グラン浜田 129
寺西　勇 130
マイティ井上 131
鶴見五郎 132
ケンドー・ナガサキ、ミスタ・ポーゴ 133
ウルトラセブン 134
忍者浅井 135

第6章◎外国人レスラー　一三七
ブルーザー・ブロディ 138
カール・ゴッチ 141
スタン・ハンセン 142
ハルク・ホーガン 143
アブドーラ・ザ・ブッチャー 144
ビッグバン・ベイダー 146
タイガー・ジェット・シン 148
アンドレ・ザ・ジャイアント 149

ミル・マスカラス 150
テリー・ゴーディ 151
アドリアン・アドニス 152
ダイナマイト・キッド 153
リック・フレアー 154
ディック・マードック 155
ビッグ・ジョン・テンタ 156
ブラック・キャット 157
ドリー・ファンク、テリー・ファンク 158
ロード・ウォリアーズ 159
スパイビー 160
ブラック・タイガー 161
スミス 162
ボブ・バックランド 163

第7章◎女子プロレス 一六五

長与千種 166
ライオネス飛鳥 167
ダンプ松本 168
ブル中野 169
デビル雅美 170
JBエンジェルズ(立野記代・山崎五紀) 172
コンバット豊田 173
風間ルミ 174
尾崎魔弓 175
神取　忍 176
ダイナマイト関西 177
キューティー鈴木 178

第8章◎傑作マンガ集 一八一

あとがき 二〇七

本書は、小社刊『いかすプロレス天国』（一九九〇年）を中心に、『プロレス・ファン』はじめエスエル出版会発行・鹿砦社発売の書籍などに発表した作品を再編集してまとめたものである。レスラーの所属については、レスラーによって、例えば新日や全日を行き来したりした者もいるが、編者の判断で分類した。

◉第1章◉

カリスマ・レスラー

力道山

永遠の英雄

わが国のプロレスの創始者であり、戦後最大のヒーローでもあった力道山は、その若すぎる死と共に、伝説のレスラーになってしまった。私たちは力道山によってプロレスに出会い、力道山によってプロレスの楽しさを教えてもらった。伝家の宝刀、空手チョップ。敵の反則攻撃に我慢に我慢を重ねた力道山が、一撃必殺のチョップを怒りの表情で見舞う場面は最高だった。ファンを熱狂させる力道山、大衆が生んだ最大最高の英雄であった。

力道山没後のプロレス界は混乱を極めた。芳の里を代表とする「日本プロレス」はジャイアント馬場をエースに置き、建て直しを図るが、これに納得できなかった豊登はアメリカ修行から帰国途中の猪木とハワイで会い、独立団体「東京プロレス」を立ち上げる。しかしこれも雲散霧消し、猪木は日本プロレスに舞い戻る。日本プロレスに戻った猪木は、ぬれぎぬを着せられ、日本プロレスを離れ、「新日本プロレス」を立ち上げることになる。馬場もまた「全日本プロレス」を興して日本プロレスを離れる。こうして力道山の興した日本プロレスは消滅への道を辿ることになる。

アントニオ猪木

今もなおカリスマ！猪木は死なず!!

猪木イコール・ストロング。たとえ真実がどうであれ、猪木の試合には、これがストロングだと思わせるものがあった。それがよかった。猪木の試合にはキュッとハートを掴むものがあった。それもよかった。それに比べると今はオーラを漂わせるレスラーが少なくなった。

猪木が去って輝きを失ったプロレスは今、低迷の一途を辿っているようにみえる。金曜午後八時、ゴールデンタイムの放送が懐かしい。猪木の全盛時、女房に叱られながらもチャンネル権を奪取し、体をよじらせながらブラウン管にかじりついていたことを今さらながら懐かしく思う。猪木カムバックとは言わない。ただ、猪木がプロレスと

違う次元にいることが寂しい。
せめてプロレスの世界にいて、
プロデューサーとしての能力を
発揮してほしいと思う。

32文砲ロケットよ、永遠に

ジャイアント馬場

当時の日本人には見られなかった規格外の身長をひっさげて颯爽と登場したジャイアント馬場の勇姿は、外国人レスラーをも凌ぐ大きさで当時のプロレスファンの溜飲を大いに下げたものだ。試合ぶりも非常に頭脳的で、力と技のバランスがとれたいい試合をした。16文のフィニッシュにつながる一連の流れもよかったし（ヤシの実割、脳天唐竹割など）、適度にユーモアもあってプロレス・ファンを楽しませてくれた。

人柄の良さが偲ばれる笑顔、細い腕を上げ、あばら骨の見える胴体を誇らしげに張る馬場の姿を懐かしく思い出す。プロレスのひとつのあり方を見せてくれた偉大なレスラーだった。

兄貴っ！

G.馬場デビュー30周年！祝おめでとう
G。馬場にカンロクを見た時馬場プロレスの本当の面白さがわかった様な気がした…。
マエオカテツヤ
Tetu.

T・マスクの
やさしい眼…。
MASK NO NAKA KARA TOTTEMO YASASHI I ME GA NOZOKU
Tetsu.

君こそ永遠のヒーロー

佐山 聡（初代タイガーマスク）

それはもう強烈なデビューだった。その姿を初めて見た時、思わずわが目を疑った。マンガのヒーロー、タイガーマスクがそこにいるではないか。四次元殺法を駆使して四角いリングを縦横無尽に飛来するタイガーマスク、彼は、それまでプロレスとは縁のなかった人たちまでをもプロレスの世界へと導いた。

彼の動き、彼の一挙一動に歓声が沸き起こった。ため息がもれた。いつでも会場は興奮のるつぼと化し、超満員の盛況が続いた。そこには新しいプロレス世界があり、劇画の世界を体現した希有なレスラーの姿があった。しかし、それも長くは続かなかった。タイガーマスクは新日本プロレスを離れ、同時に佐

山聡の名前もプロレス界から消えた。以後、さまざまな仮面レスラーが登場したが、未だタイガーを超えるレスラーに出会っていない。

前田日明

殺伐とした風が吹く
ガチンコレスラー

猪木を凌ぐ新日のエースになると思われた前田日明だったが、新日本を離れ新団体を起こし、プロレスを離れた。前田の試合には、他の選手にない独特の殺伐とした空気と凄みが漂い、試合もキックや関節技など、新日本の後年は格闘技系の技が多く見られた。体格といい、マスクといい、新日本のエースに相応しいものを持っていた前田日明が、そのまま新日本に残っていたら、きっと、プロレスの歴史も変わっていただろうと思う。ただ、彼が、格闘技の世界に移行したことでK-1やプライドが生まれたのだと思うと、それはそれでよかったのだろうと妙に納得してしまう。

前田日明
GWAAAN
Tetsu.

Tetsu.

Tetsu

第2章

新日系レスラー

長州 力

革新のラリアート

瞬発力を感じさせるレスラーだった。いつも苦虫をかみつぶしたような表情で試合に挑む、その姿勢もよかった。長い髪を揺らせながらリングを疾走する長州力の姿には、幕末の志士を彷彿とさせるものがあった。旧来の新日本のシステム、マンネリ化しつつあったリングに一陣の嵐を呼び、長州は全日本に移った。その後、全日を離れ、独立するが、あまりうまくいかなかったようだ。再び新日本に戻る。この辺りの事情はよくわからないが、その後の長州には昔日の輝きはみられない。

わっわたしに何か技をひとつかけてくれませんか!?
じゃあリキラリアットをぶちかましてしんぜましょう…。
Tetsu.

橋本真也

破壊王の早すぎる
死を惜しむ

豪快で男気があって、橋本真也はイカすプロレスラーの一人だった。長い鉢巻と右手を挙げるシーンが印象に残っている。小川との一戦が記憶に新しいが、勝っても負けても絵になるレスラーだった。訃報を聞いた時は、まさかあの橋本が…、と半信半疑でいた。それが事実とわかって、大ショックを受けたことを覚えている。まだまだこれからのレスラーだった。惜しいレスラーを失ってしまった。残念だ。

IWGP
決勝戦
WAHHH
WAHHH...
神風
Tetsu

蝶野正洋

黒のレスラー、黒のカリスマ

存在感があった。しかも観衆を惹きつける要素を兼ね備えたレスラーだった。蝶野のプロレスに洗練されたアメリカンプロレスの匂いを感じ者も多かったのではないか。強いとか弱いとかそんなものに関係なく、彼の存在そのものが見る者を楽しませた。リングの上でひときわ映える蝶野の勇姿には、プロレスを楽しませるための要素がはち切れんばかりに含まれていたように思う。今後もまだまだ現役を続行してもらい、橋本の分まで頑張ってほしいと願う。

ファンの
皆さァ〜ん
俺の
プロレスに
チャチャ
入れんといて
やあ〜〜!
Tetsu.

不滅の天才レスラー

武藤敬司

武藤敬司が天才であることを疑う者はいないだろう。プロレスをするために生まれてきたような、そんな形容がぴったりくるレスラーである。新人の頃から武藤の身体能力は群を抜いていた。アメリカへ行き、グレートムタとなってアメリカ中で人気者になった時、武藤のプロレスが見事に開花した。今もなお現役で活躍する武藤、プロレスを真に復興するには彼に頼るしかなさそうだ。

藤波辰爾

天に昇れ！ドラゴン

他にもたくさん使い手はいただろうが、初めて藤波のドラゴンロケットを見た時の印象は強烈だった。一撃必殺のような印象を受けたからだ。その頃の日本のリングではあまり見ることができなかった技であった。その時の印象は今も消えない。藤波の試合は決して派手ではなかった。しかし、あの頃の新日本には藤波の存在、試合は不可欠なものだった。そんな藤波が私は好きだった。

世界の荒鷲は
プロレス界の常識人

坂口征二

人間的な温かさを感じるレスラーだった。試合にも会見にもそれを見ることができた。プロレスラーとしては常識を持った、賢いレスラーのようにも見えた。柔道技をアレンジした数々の大技は豪快で、スケールの大きさを感じさせ、見る者を興奮させた。特に馬場と組んだタッグは圧巻だった。馬場や猪木ほどカリスマ的な人気は得られなかったが、その存在は決して小さくはなかった。彼のファンは結構いたのではないか、そんな気がする。

国会議員レスラー　馳浩

教師からプロレスに転向したレスラーも初めてだったが、国会議員になったことにはさらに驚かされた。彼の技で忘れられないのが両足を持ってスイングさせる大技、ジャイアントスイング。何回回すだろうかと、声を上げて数えたものだ。教師の片鱗を感じさせない野性的な魅力の馳は、どんな技でも器用にこなし、しかも打たれ強かった。試合中に脳天を負傷し、病院に運ばれたこともある。九死に一生を取り止め、生還した時は我がことのように喜んだものだ。今はもうプロレスの勇姿を見ることもないが、人間・馳のファンとして彼の生き様を応援し続けている。

はい、
それでは今
私が説明した所で
大事な所は『コピー』
しておきなさい…。
Tetsu.

愛すべき無頼漢

マサ斎藤

猪木と闘った巌流島の決闘には、あまり強い思い入れを持てなかったけれど、マサ斎藤の存在は異色だった。厳しいアメリカプロレスを渡り歩いてきた、それを感じさせるレスラーでもあった。技での印象は薄いが、ごっつい体と顔が忘れられない。本当はすごくやさしい人なんじゃないだろうか、試合を観ながらそんな感じを受けていた。

巌流島
Tetsu.
JAPAN

ジュニア・ヘビーの重鎮

獣神サンダー・ライガー（山田恵一）

ジュニアの仮面レスラーの中で、大好きだったのが獣神サンダー・ライガーである。彼の一つひとつの技には説得力があった。しかも、負けることが多いというのがよかった。中堅レスラーとしての位置をわきまえ、いぶし銀のようにリングを輝かせるライガーのプロレスは、金の取れるプロレスのように思った。見ていて損した気分にならなかった。彼は今、新日本だけでなく、インディーズのプロレスにも多く参加している。彼の活躍は、低迷しがちなプロレス界全体を盛り上げる役割を果たしているようにも見える。

ASUNARO LYGER
Tetsuo.

木戸 修

縁の下の力持ち

プロレス職人である。自分をアピールすることなく、常に脇役に徹してリングで闘っていた。本当はもっと強いはずなのに…、そう感じさせるものが木戸の試合にはあった。木戸は本当にプロレスが好きなんだな、と彼の試合を見ながら何度もそれを感じた。こういう人がいたからこそ新日本プロレスは隆盛を極めたのだと思う。今は木戸のようなレスラーが少なくなった。誰もが我も我もと表に出たがる。プロレス・ファンには意外と木戸のような選手を好きになる人が多い。それを知っておいてほしい。

『時代おくれ』
河島英五
♪目立たぬように
あせらぬように
似合わぬ事は
ムリをせず
好きな誰かを
想い続ける♪
せっせ
せっせ
ポッ！
Tetsu

タイガーマスクのライバル

小林邦明

タイガーマスクのライバルとして、最大の強敵としてリングに君臨した小林邦明。その実力はタイガーをも凌ぐものがあったのではないか。キック力、投げ技のキレ、どれをとっても一流だった。しかも彼はショー的要素を持たないガチンコレスラーだった。タイガーファンには憎々しくみえるその存在、しかし、小林邦明はブレイクした。もちろんその陰にはタイガーの存在がある。彼がいなければ、小林邦明の本領は発揮できずに終わったことだろう。それにしても素晴らしい格闘技系のレスラーだった。

CHALLÈ
GER
KI
SHI
KUNIA
KOBAYA
Y
Tetsu

燃えてるオヤジ、今も健在!

アニマル浜口

決して体は大きくないのに、存在感はピカイチだったアニマル浜口。今でこそ「燃えてるかーっ」は有名だが、当時からリングで、そう叫び続けていた。声がとにかくやかましかった。エネルギー異常に大きいのだ。エネルギーを感じさせるというか、独特のオーラがあるというか、浜口はプロレスを超越したところで奇妙な存在感と味を感じさせるレスラーだった。そうかといってプロレスが下手だったわけではない。さっぱりしたいいレスリングで見るものを楽しませてくれた。技も豊富で、動きもシャープだった。好きなレスラーの一人だ。

GATS
Tetsu.

ヒロ斉藤

憎めないろくでなし！

悪役なのに憎めないレスラーであった。どんなに悪ぶっても人の良さがにじみ出る、そんなレスラーであったように思う。小柄だが体全体を使った技は見る者を大いに楽しませてくれたし、目立たないがいないと困るレスラーの一人だった。プロレス職人を地でいくような彼のスタイルはアメリカ帰りのレスラー独特のものだった。彼もまたアメリカで修行し、凱旋帰国した。ただし最初から悪役だった。今も新日本のリングで見かけることがある。息の長いレスラーだ。

猪木と名試合！
天下の王者

ストロング小林

国際プロレス時代から小林の試合はたくさん観ていた。それが猪木と試合をすることになって国際を脱退し、名勝負を繰り広げ、やがて新日本に移籍した。その過程はどうであれ、小林は一世を風靡したレスラーであった。猪木との試合も一進一退を究め、最後の最後で猪木の軍門に下った。ストロング金剛と名前を変えた小林はやがて新日本を、いやプロレス界から引退し、芸能界に入った。芸能界でもその存在はピカイチであった。

木村健悟

稲妻レッグラリアート

一時は藤波と人気を二分したこともある美男レスラー、木村健悟。スマートであか抜けしたプロレスを見せてくれた。ただ、後年はパッとしなかった。稲妻レッグラリアートが彼の代名詞だったが、晩年は決め技になっていなかったような気がする。しかし、彼の存在は新日本には欠かせないものであった。いつまでも思い出に残るレスラーの一人でもある。

耐える男の美学

越中詩郎

全日本所属の選手だった越中詩郎は、全日本の前座当時、三沢光晴と好勝負を繰り広げていた。それが印象に残っていたせいか、アメリカ修行中に新日本に移籍したことを知った時には驚いた。新日本での越中は今ひとつピりっとした存在ではなかったように思う。ただし、それは平成維新軍を作るまでの話だ。新日本で高田と名勝負を繰り広げたこと、その試合の数々が深く記憶に刻まれている。

キラー・カーン　アンドレの足を折った男

アンドレ・ザ・ジャイアントの足を折った男としてアメリカで名を挙げたキラー・カーンは、稀代の悪投として新日本のリングに帰ってきた。その巨体と風貌は、悪役に似つかわしいもので、一つひとつの技が非常に重く感じられた。カーンは長州らと共に全日本に移籍し、その後、生彩を失っていった。残念だった。もっと活躍できた選手だったのに。もう一度、カーンのプロレスが見たい。

覆面軍団の闘将！

スーパー・ストロング・マシン（平田淳二）

若松市政率いるストロング・マシンの集団が同じような覆面で大量に登場し、猪木を襲った時は驚かされた。その覆面軍団の闘将がスーパー・ストロング・マシン、平田淳二だった。平田が強いということはすでに知れ渡っていたが、スーパー・ストロング・マシンになっていたとは気付かなかった。スーパー・ストロング・マシンは猪木、藤波たちと互角の戦いをしたが、いつの間にか消えた

ジョージ高野　プロレス界のプリンス

ハンサムで恰好いいレスラーであった。均整の取れた体で動きも素早かった。人気の出る要素があり余っていたのに実際はそうでもなかった。タイガーが脱退した後、コブラになって覆面を付け、そこそこ人気も出たがそれもあだ花に終わった。メガネスーパーのプロレス団体では一方の雄になったが、結局、それも消えた。今はどうしているのだろうか。消息を知りたいレスラーの一人だ。

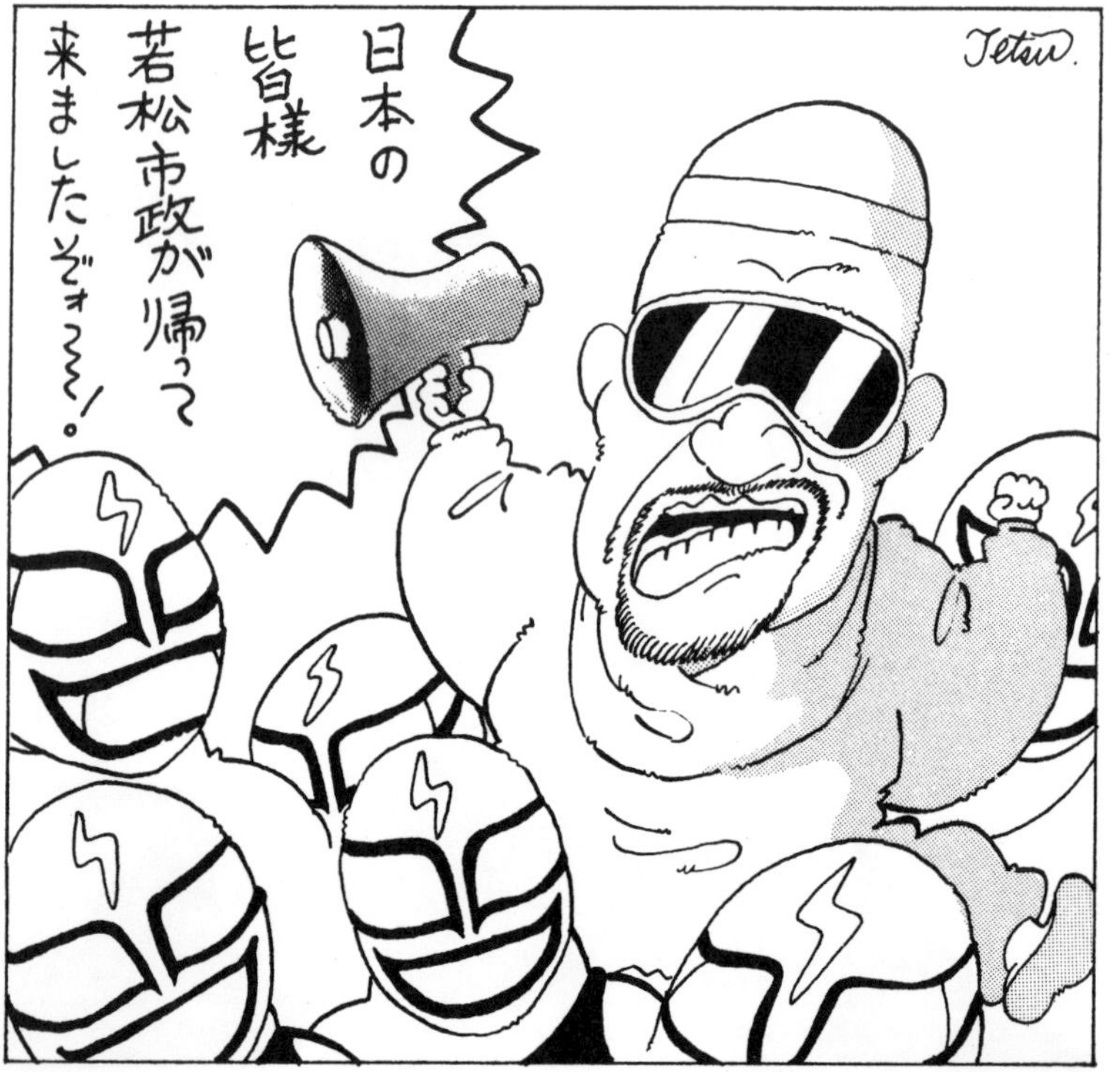
日本の
皆様
若松市政が帰って
来ましたぞォ〜〜〜!。
Tetsu.

最高最大の
悪のマネージャー

若松市政

元・国際プロレスの若松市政がストロング・マシーン軍団のマネージャーとして、新日本プロレスに華々しく登場した時、その悪徳マネージャーぶりに度肝を抜かれた。それまで日本には、マネージャーとして表舞台で辣腕を振るう人は少なかったように思う（女子プロレスは別にして）。若松のマネージャーはテレビの画面によく映えたが、それも長くは続かなかった。やはり新日本にはショーは似合わない。それを実感させられた。

山本小鉄

新日本プロレスの鬼軍曹

つるつるに剃った頭が特徴的な山本小鉄は、星野勘太郎と共に、アメリカでヤマハブラザースとして一世を風靡したレスラーである。レスラーとしてよりもコーチとしての存在が大きくなった山本小鉄、当時の新人レスラーたちは山本小鉄によって育てられ、大きく成長した。小鉄は新日本の隆盛を生んだ立て役者の一人でもある。

栗栖正信

名脇役、前座の花

現在、栗栖正信の名を知っている人はどれだけいるだろうか。それほど遠い昔の人のように感じるのは、近年、名前を耳にしていないからだろう。バイプレーヤーとしての栗栖の評価は高い。プロレスラーの中には、相手を光らせるバイプレーヤーと相手を潰そうとするバイプレーヤーがいるが、栗栖は後者にあたるレスラーではなかったか。とにかく反則が多く、そんな中にキラリと光る技をみせる、そんなレスラーだった。

KANTARO HOSHINO IS Jr. HEAVY WRESTLAR
YAMAHA BROTHER'S DE KATSUYAKU SHITA DAIBETERAN
Tetsu.

星野勘太郎

気っ風がよくて軽快で

山本小鉄とタッグを組んだヤマハブラザーズが有名だが、新日本の脇役としての存在も光っていた。気っ風のいい技、顎を打ち抜くアッパーカット。観客の沸かせどころも熟知していた。年を感じさせないレスラーとして、いつまでも記憶に残るレスラーだ。

首をガッチリロックしてまわらなくしちゃう
名付けて借金固めなんて
技はいかがでしょう…

ドン荒川

ひょうきんプロレス、前座の人気者

ドン荒川を見るために会場へ足を運んだ人も多いはず。彼は前座の人気者だった。笑いを呼ぶレスラーとして会場の雰囲気を和ませてくれた荒川の技は、基本に基づいたしっかりしたもの。だからこそ本当の笑いが取れた。今はどうしているのか。もう一度、荒川のプロレスが見たい。

保永昇男

ジュニアの怪人

目立たないが味のあるレスラーだった。存在感はそれほどではなかったように思うが、技のレパートリーは広かった。保永の存在は新人たちにとって大きな壁ではなかったか。職人という言葉がピッタリする、昭和のプロレスラー、保永の幸甚を祈りたい。

新倉史裕

空気のような
プロレスラー

新倉は空気のようなプロレスラーだ。目立たないけれどいないと困るレスラーだった。もちろんこれは私の私見で、新倉の存在をもっと大きなものとして感じていた人もいるかもしれない。新倉のプロレスは安心して見ることのできるプロレスだった。基本ができていたからこそそれができたのだと思う。

小杉俊之

悲運のレスラー

志半ばにしてプロレス界を去った悲運のプロレスラー小杉。重度の腰痛が彼のレスラー人生にピリオドを打たせた。もしそれがなければどうだろう。彼はきっと誰にでも名前の知られた超有名なレスラーになったに違いない。それほど素質に恵まれた力のあるレスラーだった。

◉第3章◉

旧・全日系レスラー

天龍源一郎

風雲昇り龍

天龍は男を感じさせるレスラーだ。男性ファンに圧倒的な人気がある。私の友人も天龍のファンクラブを作り、旗を作って応援していた。タフさと打たれ強さがピカイチの彼のプロレスは、重くてしかも説得力があった。一つひとつの技が重たく、シリアスだった。中でも天龍と鶴田の試合はよかった。常にしびれる試合を見せてくれた。相撲取り出身の足腰の強さと腰の重さを存分にみせながら、空中技も華麗にこなした天龍は、50代の今も現役でバリバリ活躍している。年を感じさせないレスラーだ。

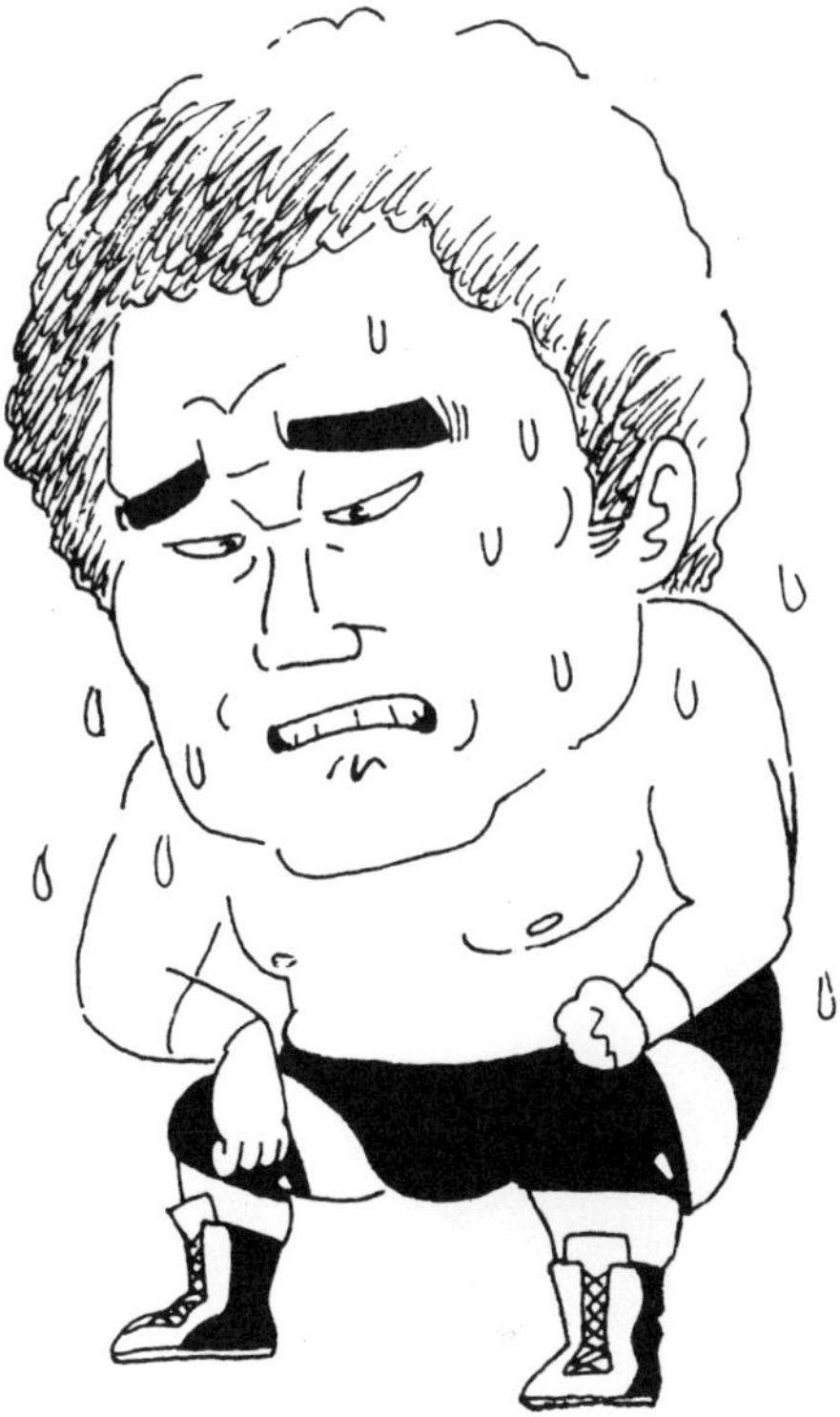

私が、プロレス新時代の大将!
この人『FMW』の泣き虫大将!
TENRYU

本気だぞい
Tetsu.

さすらいのラガーメン

阿修羅・原

ギャンブルで身を持ち崩したのか、それとも他に理由があったのか、借金まみれになった（噂だが）阿修羅は、忽然とプロレスの表舞台から消えた。天龍と組んだタッグは圧巻だった。阿修羅がみせる力と力のプロレスは、見る者の興奮を呼んだ。元ラグビー出身らしいタックルの強さ、身体の頑丈さ。もっともっとその力のすべてをみせてほしかった。

男・阿修羅よ、
何処へ行く——

馬場このやろー
しまいにゃ
歌うぞ コンチキショウ

憎めない お人好しレスラー

ラッシャー木村

大好きなレスラーだった。何しろ人の良さが顔に身体に満ちあふれている。プロレス馬鹿ラッシャー木村がみせるアナウンスパフォーマンスは一世を風靡した。会場を和ませ、温かくするような雰囲気を持ったパフォーマンスだった。国際プロレス時代は「金網の鬼」と呼ばれ、恐れられていたのが嘘のように全日ではお人好しおじさんになっていた。元来、それが彼の本当の姿だったのでは…。今はもうあまり姿を見ないが、元気でいてくれたら嬉しい。

若し頃のラッシャー木村
俺は昔金網の鬼と呼ばれてたんだあ〜〜〜っ!

永遠のプリンス　ジャンボ鶴田

私は今でも、プロレス最強は鶴田ではなかったか、そう思っている。柔軟な筋肉、跳躍力、打たれ強さ、切れのいい投げ技…。語り出せばきりがないほど、鶴田は魅力的なレスラーだった。片手を上げる「オーッ」が懐かしい。ジャンピングニーパット、バックドロップ、彼の技はどれも凄みを感じさせた。本気を出せばどのぐらい強いのだろう。そう思わせるレスラーでもあった。

谷津嘉章

二番手で映えるレスラー

新日でも全日でも彼はトップレスラーにはなれなかった。常に二番手の位置にいたように思う。強くて、技も切れて、玄人受けするプロレスをしているのになぜか地味で、それが災いしてか、いつも二番手の位置にいた。また、それがよく似合っていた。そんなプロレスラーっているんだなあ、それを谷津に感じていた。

現ミスタープロレスラー、昔アイドルレスラー

三沢光晴（二代目タイガーマスク）

ノアの総帥、三沢光晴が昔、二代目タイガーマスクとして活躍したことを知っている人も少なくなったのではないか。それほど遠い昔のことのような気がする。三沢が初めて鶴田を倒した日の試合は印象的だった。難攻不落の王者を倒し、三沢たちが新しい政権を勝ち取ったことで全日の雰囲気もガラッと変わった。選手が大量に離脱し、その後を受け継いだ三沢の活躍は目を見張るものがあった。

小橋健太・小川良成

全日の新しい風となって

ガンから復活した小橋、一度はノアの世界王者ベルトを締めたこともある試合巧者の小川。今はノアのヒーローである二人も、当時は新人レスラーとして、渕をはじめとする先輩レスラーたちに手荒いしごきを受けていた。当時からスターの素質を秘めていた小橋は、みるみるうちにスター階段を駆け上がり、ノアの絶対エースにのし上がった。小川も三沢とのコンビでステップを踏み、業師としてリングを沸かせている。

サムソン冬木

独特のオーラでファンを魅了

当時、冬木は川田とコンビを組み、フットルースを名乗ってタッグを中心に活躍していた。その頃から独特の雰囲気を持っていた冬木は、やがてフリーとなってその真価を発揮する。彼がリングに上がるとリング内がパッと明るくなる、そんな印象さえ受けたものだ。若くして亡くなった冬木だが、惜しまれるのはそのキャラクターだ。わがままでやんちゃで、それでいてファンにもレスラーにも好かれた。いいレスラーだった。

川田利明

キックの鬼

川田の試合を見て印象深いのはキックの凄さだ。多分、キックボクサーのほうが川田より凄いと思うのだが、川田のキックには威力と重みと切れがあった。全日四天王の一人にのし上がった彼は、ノアでもフリーとして活躍。凄みはさらに深くなり、その試合は観る人を魅了した。フットルースの頃から注目していた私は、その後の彼の活躍を当然のことのように感じていた。それほど素質豊かな選手だった。

アメリカのリングを席巻

グレート・カブキ

日本プロレス晩年のエースとして活躍した高千穂が、単身アメリカに渡り、グレート・カブキとなって凱旋帰国した時は驚いた。それまでにも噂は聞いていたが、初めて見た時は圧倒された。パフォーマンスがすごかった。いや、それだけでなく掛け値なく強かった。見るものを楽しませ、うならせる職人芸のプロレス、カブキのパフォーマンスは実力に裏付けられたものだ。それだけに説得力があった。

百田光雄

力道山の息子

日本プロレスの最大のヒーロー、力道山の息子である。兄も一時期、プロレスラーになったことがあるが、それほど長くは続かなかった。ところが弟の光雄はいまだにプロレスの第一線で闘っている。立派なことだ。ジュニアの選手としていぶし銀の活躍をみせる百田のプロレスは、玄人受けするレスリングで、見る者の期待を裏切らない。だからいつまでも人気があるのだろう。

輪島大士

相撲横綱、されどプロレス横綱になれず

いわずと知れた天才横綱である。その勝負勘は相撲ファンをおおいに満足させたものだ。しかし、プロレスの世界ではその勝負勘は生かされなかった。第一に肉体的に峠を過ぎてからのプロレス入りはきつかっただろうし、相撲で鍛えた動きとプロレスの動きはまったく違った。輪島の場合、それがもろにわかり、ぎこちなさが目立った。プロレスなんかに来なければよかったのに…。そう思わせたレスラーの一人である。

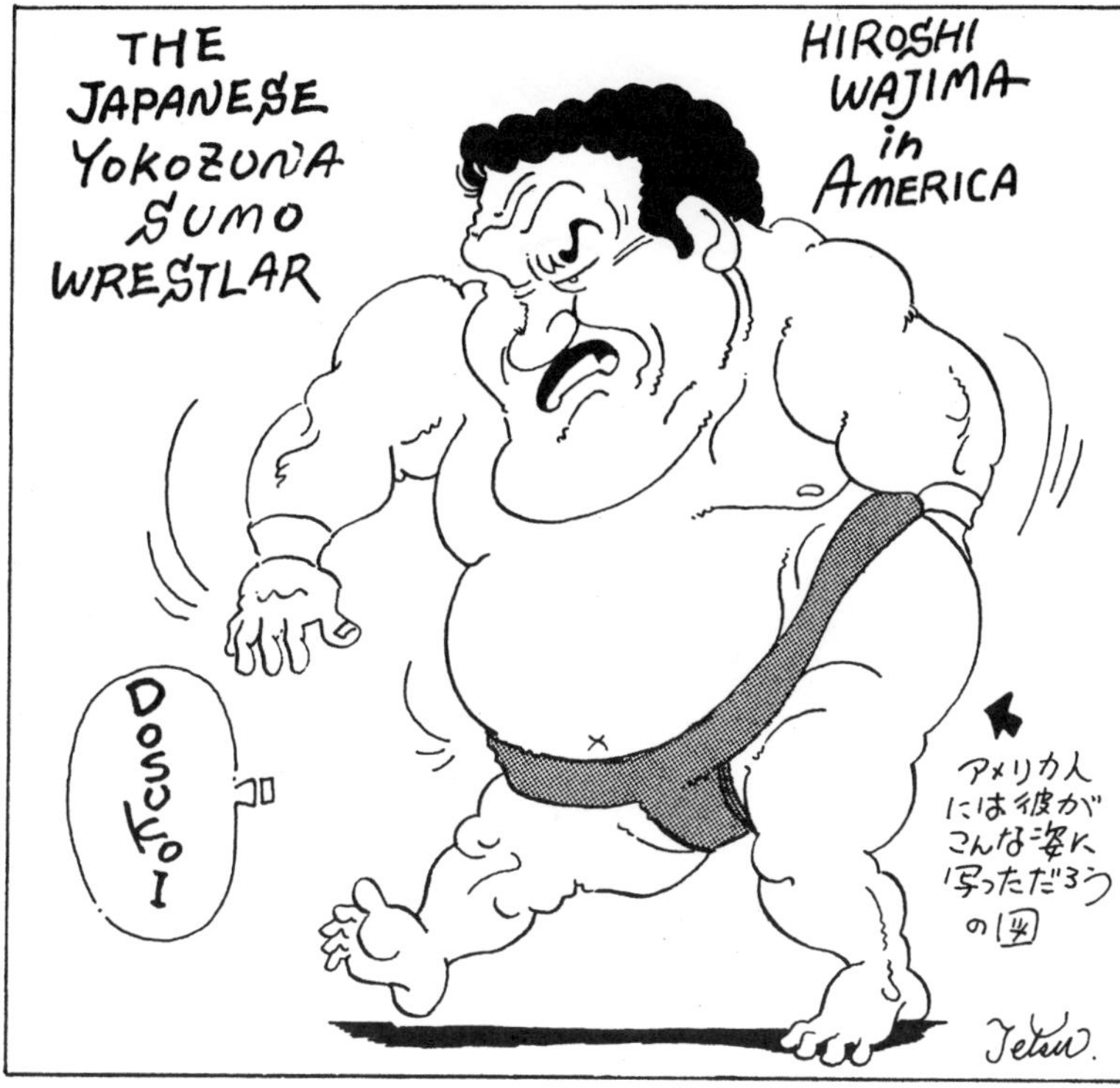
THE JAPANESE YOKOZUNA SUMO WRESTLAR
HIROSHI WAJIMA in AMERICA
DOSUKOI
アメリカ人には彼がこんな姿に写っただろうの図
Tetsu.

渕 正信

全日の参謀&名脇役

全日きってのテクニシャンであった。体格は細身で一見強そうには見えなかったが、技の攻防に入ると試合巧者ぶりをいかんなく発揮した。若手を鍛える全日の鬼軍曹としての役割も果たし、試合では新人たちの大きな壁となって立ちふさがった。ラッシャー木村に独身であることを冷やかされ続けていたが、その後、結婚はしたのだろうか……。

俺ってチャンピオンなんだよなァ…。
ウン…。
yetsu

どすこいロケット弾

石川敬士

元相撲取りである。体格にはそれを伺わせるものがあるが、動きにはなかった。体格のわりに飛ぶのである。ジュニアレスラーのようにトペをやり、飛び技もよく使った。それでも一番印象深かったのはぶちかましだ。スピードも当たりも非常に強烈だった。懐かしいレスラーだ。

永源 遙

前座の華

新日から全日に移り、人気を博したレスラーである。前座で一番人気者だったのではないか。特に唾がすごかった。ロープ際に永源が立ち、攻撃を受け始めると、観客はみな傘をさした。大量の永源の唾が飛んで来るからである。人の良さそうな顔で、しかし、意外にまじめそうで、技の印象よりも唾の印象のほうが強い不思議なレスラーだった。

高木功・田上明

もう一丁頑張れ！

どちらも相撲取り出身ではなかっただろうか。とにかく体格がいい。その体格だけで充分メインが張れると思うのだが、何となくのんびりしているというか欲がないというか、いまいちそれが当時の印象だった。高木は現状を脱皮できないでいる。それが当時の印象だった。高木は流転を重ね、天龍と共にやっていたが、あまり活躍している印象はなかった。田上は全日四天王、ノアでも四天王の一人で王者になったこともあるが、今でも休火山と言われ続けている。

菊池 毅

ジュニアの弾丸小僧

菊池は、強いレスラーといった印象はないが、ガッツのあるレスラーといった印象が強い。ファイトあふれる闘いぶりは見る人の胸を熱くするものがあった。昔から今日まで一貫して変わらないのが凄い。今も菊池は、ファイトあふれる闘いぶりでファンを魅了し続けている。

ハル薗田

全日の空気男爵

アメリカ帰りの薗田は、技あり反則ありの楽しいプロレスを見せてくれた。全日の風景の中にあまりそぐわないようなタイプだったが、それでもいないと困る、そんなレスラーであったような気がする。長い黒髪と鼻髭は、メキシカンレスラーを思わせるものがあり、そのテクニシャンぶりと相まって強い印象を私たちに与えた。

ロッキー羽田

やがてはロッキー山脈のように

体格がよかった。背が高くて力感もあって、馬場も大いに期待したようだ。しかし、知らない間に消えてしまった。メインを張る条件は兼ね備えていたのに、リングの上ではいまいち、いい印象を観客に与えなかった。残念なレスラーであった。

全日プロで
『小鹿のバンビ』っ言ヤア
泣く子もだまる
大極道よ…

極道レスラー

グレート小鹿

魅力的なレスラーであった。大熊とコンビを組んだ極道コンビが秀逸だった。見た目も試合ぶりも極道そのものであったから。当時はまだ、日本人の悪役というのは少なかった。そんな中で活躍した名コンビだった。現在、グレート小鹿は大日本プロレスを率い健闘している。その活躍ぶりは当時のグレート小鹿の活躍ぶりと比しても遜色がない。頑張れ、小鹿！

大熊元司

極道パート2

グレート小鹿の相棒である大熊は、独特の雰囲気を持った石頭レスラーであった。いかにも酒飲みといった感じの風貌、どこにでもいる酔っぱらいのおっちゃんを連想させる大熊のプロレスは、親しみやすく、愛嬌があった。今はあまり見かけない個性派レスラー、大熊元司にももう一度会いたい。

無色透明の魅力

仲野信市

仲野の印象を私はあまり記憶していない。こんなことを言うと仲野選手に申し訳ないが本当にそのとおりなのだ。無色透明の印象がある。新日から全日に移籍して、主に中堅で活躍したが、技にしても存在感にしても記憶に薄い。これは私だけの印象だと思うが……。

佐藤昭雄

アメリカンレスラー

佐藤昭雄は日本人レスラーというよりもアメリカンレスラーといった印象が強い。それほど日本で活躍した印象が薄くアメリカで活躍した印象のほうが強いレスラーだ。元々全日の選手だったが、アメリカへ渡ってからはフリーレスラーの印象が強く、日本に戻ってからもフリーで試合をしていた。

◉第4章◉

UWF系レスラー

高田延彦

UWFの貴公子

貴公子と呼ぶに相応しい雰囲気とルックスを備えた選手だった。新日を、山崎、前田らと共に離脱して立ち上げたUWFは、一躍一世を風靡、プロレスの認識を大いに変えたが、その中でも高田はエース格だった。

従来のプロレスよりも格闘技系のプロレスが性に合っていたのか、高田は水を得た魚のように大成長した。やがて自分が大将となって組織を起こすが、それがやがてプライドに続く道になるなんて当時は想像もできなかった。

余裕!
Tetsu.

山崎一夫

UWFの重鎮、山ちゃん

当時、高田の傍には必ずといっていいほど、山ちゃんがいたような気がする。それほど高田と山ちゃんは密接な関係のように思えた。二人は友人のようでいてライバル、そんな感じだった。まるでオオカミのような迫力あるキックを繰り出していた山ちゃんは、キックの印象が強いがテクニシャンでもあった。UWFを多いに隆盛に導いた牽引車の一人であったことは間違いない。

○山崎一夫
GAHHH
UWF
Tetsu.

UWFのエース

船木誠勝

中学を卒業してすぐに新日に入った船木は、いずれエースになる運命にあったのだと思うが途中で藤原らと共にＵＷＦに転じた。ＵＷＦのレスリングは船木の性に合ったようで、彼はメキメキ頭角を現し、エースと呼ばれるまでになった。しかし、やがてはＵＷＦも解散。彼は鈴木みのるらと共にパンクラスを作った。永遠の美青年・船木の活躍はその後も続き、パンクラスは今も継続して試合を行っている。最近、船木選手の試合を十数年ぶりに見たが、老いた印象はぬぐえなかった。

MASAHARU
FUNAKI
Tetsu.

UWFのテロリスト

藤原喜明

前座のレスラーであった藤原の名前を一躍有名にしたのが札幌での長州攻撃、血の制裁である。以来、藤原はテロリストと呼ばれ、大人気を博する。本当に人生、何がどうなるやらわからないといった典型的な見本だ。元々、ガチンコ勝負には定評のあった藤原だが、人気の面では同期の藤波辰爾らに大きく遅れをとっていた。それが長州を襲った事件で一躍スターになり、やがて藤原組を作り、UWFに参加する。組長と呼ばれるようになった藤原の活躍はリングだけにとどまらず、テレビなどにも波及した。好きなレスラーだっただけにその後の活躍が嬉しい。

私《わたくし》、『プロレス職人』でございます…。
よしあき画
自画像
Tetsu.

UWF中堅三羽烏

安生洋二・中野龍雄・宮戸成夫

ＵＷＦの中堅レスラーたちである。安生は一時、無謀にもヒクソンに挑戦したが道場で散々な目に合った。中野は男を感じさせるレスラーで見ていて楽しかった。宮戸はテクニシャンでその技の軽快さに目を見張った覚えがある。彼らのような中堅がいたからこそＵＷＦも人気が出たのだろう。

UWF
Tetsu.

◉第5章◉

独立系・フリー

涙のカリスマ

大仁田厚

全日ジュニア王者だった大仁田が膝の故障で引退し、やがてFMWを起こした時は、どうせすぐに潰れる、そう思っていた。何となくプロレスを冒瀆するような構成だったからである。だが、身体を張ったプロレスで、次々と新機軸を打ち出し、大仁田はアッという間に涙のカリスマになった。肉体を酷使した体当たりのプロレスが、若い人たちを中心に共感を呼んだのだろう。その人気は不動のものになり、大仁田は数々の伝説を残して国会議員にまで上り詰める。サクセスストーリーとしても素晴らしい大仁田の活躍。これからも頑張ってほしい。

Tetsu
FMW
全日本プロ

おおにたあつし
選手
あんまり
めちゃなこと
しないで
お体を
大切にして
ください。

2年3組
さかもとまなみ
8さい

ターザン後藤　四角いジャングルの王者

元全日だったと思うがその頃のターザン後藤の印象はない。脚光を浴びるのはFMWに参加してからのことだ。大仁田を光らせるターザン後藤の活躍は素晴らしかった。体格の良さもあったが、技の一つひとつに凄みを感じさせた。独特のムードでファンを魅了したが今はどうしているのだろうか。

なんてミリョク的なキャラクターなんだろう…。
すご～く強いレスラーの様でもあるしすご～く弱いレスラーの様にも見える。
とにかく不思議なミリョクのあるレスラーではある…。
マエオカ(談)

サンボの達人

サンボ浅子

FMWだからこそ存在感があったレスラーとして記憶している。何でもありのプロレスの中で、サンボ浅子は独特の世界を持っていた。強いのか弱いのかまるでわからない、そんなレスラーだった。FMWを退団した後の彼の消息を知った時、彼はすでにこの世の人ではなかった。若くして亡くなったサンボ浅子、晩年の彼は見る影もなくやせていたという…。

高野俊二(拳磁)

そびえる日本アルプス

見た目だけでいえば立派なメインエベンターである。ルックスといい、体格といい、申し分がない。スターの要素が一杯詰まったレスラーであった。しかし、彼はとうとう真のメインにもなれず、人気レスラーになることもできなかった。どこが悪かったのだろうか。今も謎である。

グレート・サスケとみちのくプロレス

東北の地にプロレスの楽しさを浸透させた

みちのくプロレスの偉大さは、継続してプロレス活動を続けていることではないか。団体を率いるということは大変なことだと思う。それをやっているのだから本当に素晴らしい。キャラクタープロレスというか、さまざまなキャラクターが登場してリングを沸かせるショープロレス、その醍醐味を東北のファンに提供してきたみちのくプロレス。その発展にエールを送りたい。

みちのく
どうぶつえん
うがうが

さすらいの金狼

上田馬之助

上田馬之助のファンだという人はよほどのプロレス・ファンだろう。日本、アメリカを股に掛けて暴れ回った悪役レスラー。特にタイガー・ジット・シンとのコンビが印象深い。悪役でありながらどことなく哀愁を感じさせ、心底憎めないのは上田馬之助の人徳だろう。事故で瀕死の重症を負い、以前のようには動けなくなったというニュースを伝え聞いたが、心配でならない。一日も早く、元の金狼として復活されることを心から祈りたい。

哀しき金狼……。
シュールだなァ…。
Tetsuo.

プロレス馬鹿

剛 竜馬

まさにプロレス馬鹿を地でいくプロレスラーだ。国際プロレスを振り出しに、新日では藤波辰爾と好勝負を続けた。練習熱心でリングの上でのパフォーマンスも剛の人柄を偲ばせるものが多かった。事件の後、消息を聞かないが、今もどこかで一人練習をしているのではないだろうか。そんな気がする。

Tetsu

北尾光司とインディー軍団

横綱レスラー花咲かず

北尾は横綱からレスラーになって、期待されたがとうとうプロレスの世界では一本立ちできなかった。ありあまる素質を持っていながらとうとう花を咲かすことができなかった。新日ではなく、全日だったらうまくいったのではないか、そう思ったがそんな機会もなく、レスラーとして大成できなかった。そういう意味でも残念なレスラーだった。格闘技系に移ったがそこでも北尾の良さは発揮できずに終わった。メジャーになれずインディーの世界にとどまった。

グラン浜田

空飛ぶベイビー

リング上での浜田を思い出す時、飛び回っている姿しか想像できない。跳躍力と思い切りのいいトペ、激しい動き、浜田の試合にはスピードがあった。見ていて心地よい試合でもあった。メキシコで鍛えられたプロレス技を駆使して闘う浜田にプロフェッショナルの真髄を見た。

国際プロレスの遺児

寺西 勇

国際プロレスが潰れて、ラッシャー木村、アニマル浜口とトリオを組んで新日に殴り込みをかけた寺西勇。二人の陰に隠れた形だったが、そのテクニシャンぶりには定評があった。一般的に名前が知られていたかどうかはともかくとして、寺西には国際プロレスの香りが漂っていた。国際プロレスの名前と共に思い出す選手である。

マイティ井上 元・国際プロレスの王者

国際プロレスでは世界王者を張り、メインを背負っていたこともあるマイティ井上。国際なき後、全日に入り、いぶし銀のごとく活躍をした。空中でくるりと回ってのダイビング、華麗な投げ技、一級品の技を持ちながら層の厚かった全日では中堅選手で終わった。

国際プロレスの悪役

鶴見五郎

風貌からして悪役である。特徴はアフロヘアと口ひげ。リング上でも反則が多かった。しかし、人気がなかったかといえばそうでもない。悪役独特の人気があったように思う。どんな形でも観客に印象付けられる選手は強い。そういう意味では鶴見五郎というレスラーは一級品だったのではないか。

ケンドー・ナガサキ&ミスター・ポーゴ

海外出戻り組、大繁盛

どちらも元々は全日ではなかったか。海外へ修行に行って、名を挙げた。ガチンコになれば一番強いといわれたナガサキは、フリーとして日本、アメリカで活躍した。一度、格闘技にも登場したが、その時はあっさりと敗れた。もう少し若ければまた違ったかもしれない。ポーゴは、FMWで大仁田と闘っておおいに名前を挙げ、独特のスタイルを確立した。反則技オンリーだったが、人気は高かった。

テレビの人気者が
リングに帰ってきた。

ウルトラセブン

いわずと知れたテレビの人気者である。しかし、リングの上ではあまり人気が出なかった。活躍も印象に残っていない。こうして書いていても、リング上での彼の姿がほとんど浮かんでこない。名前負けした選手の一人ではないか。

忍者浅井

ウルティモ・ドラゴン＆忍者

ウルティモ・ドラゴンとして人気を博し、ジュニア・プロレスの世界に数々の金字塔を建てたウルティモ・ドラゴンの前身が忍者浅井である。この頃はまだ忍者として活躍していた。ウルティモ・ドラゴンになってメキシコで頭角を現すのはもう少し後のことになる。忍者浅井は、身の軽さと激しい動きに定評があったが、これといった印象を与えられずにいた選手である。後のウルティモ・ドラゴンの姿はこの頃は、まだ想像することができなかった。

◉第6章◉

外国人レスラー

20世紀最大の超人レスラー　ブルーザー・ブロディ

大好きな外国人レスラーの一人だった。全日でハンセンと共に活躍し、後に新日に移ったブロディだが、彼のレスリングにピッタリはまっていたのは全日のほうではなかったか。猪木との闘いよりも鶴田や馬場との闘いのほうが合っているように見えた。ハンセンとのコンビは強力で世界最強という言葉がよく似合った。プエルトリコで刺されて死んだと聞いた時は、俄には信じられなかった。呆気ないブロディの死はプロレス界にとって大きな損失になった。日本のプロレスにとっても痛手になった。それほどブロディの存在感は大きかった。

ブルーザー
ブロディよ
永遠に……。
Tetsu.

Tetsu.

カール・ゴッチ　プロレスの神様

カール・ゴッチはこの当時からすでに神格化されていた。彼をプロレスの神様ということに誰も反対しないだろう。それほど大きな存在であったのだ。猪木との絡みでみせる様々な技、無駄のない動き、切れ味のいい技。峠は過ぎていたといっても充分ファンを魅了するものを持っていた。最高最大のレスラーである。

栄光のウエスタンラリアット

スタン・ハンセン

当時無敵だったサンマルチの首を叩き折ったハンセンのラリアットは、レスラーたちにとって最大の恐怖技だっただろう。多くの選手がハンセンの一撃で他愛もなくリングに散った。壊れたダンプカーと称されるハンセンの技と体力は、タフを誇るレスラー群の中でも群を抜いていた。カウボーイハットにロープといったウエスタンスタイルも魅力だった。不世出の選手、ハンセンは日本プロレス史に大きな足跡を残すレスラーだ。

ハルク・ホーガン

脅威の太腕！アックスボンバー

猪木を病院送りにした試合が有名だ。日本で人気が出てアメリカで超人気者になったホーガンはその肉体美とパフォーマンスで人気者になった。試合後の「いちバーン！」は、彼の法被と共にトレードマークで、いつも大声援に包まれていた。アメリカで数々の映画主演を果たし、プロレスにもあまり顔をみせなくなって久しいが、今ふたたび彼の勇姿を見たいと願うファンも少なくないだろう。来日を切望している。

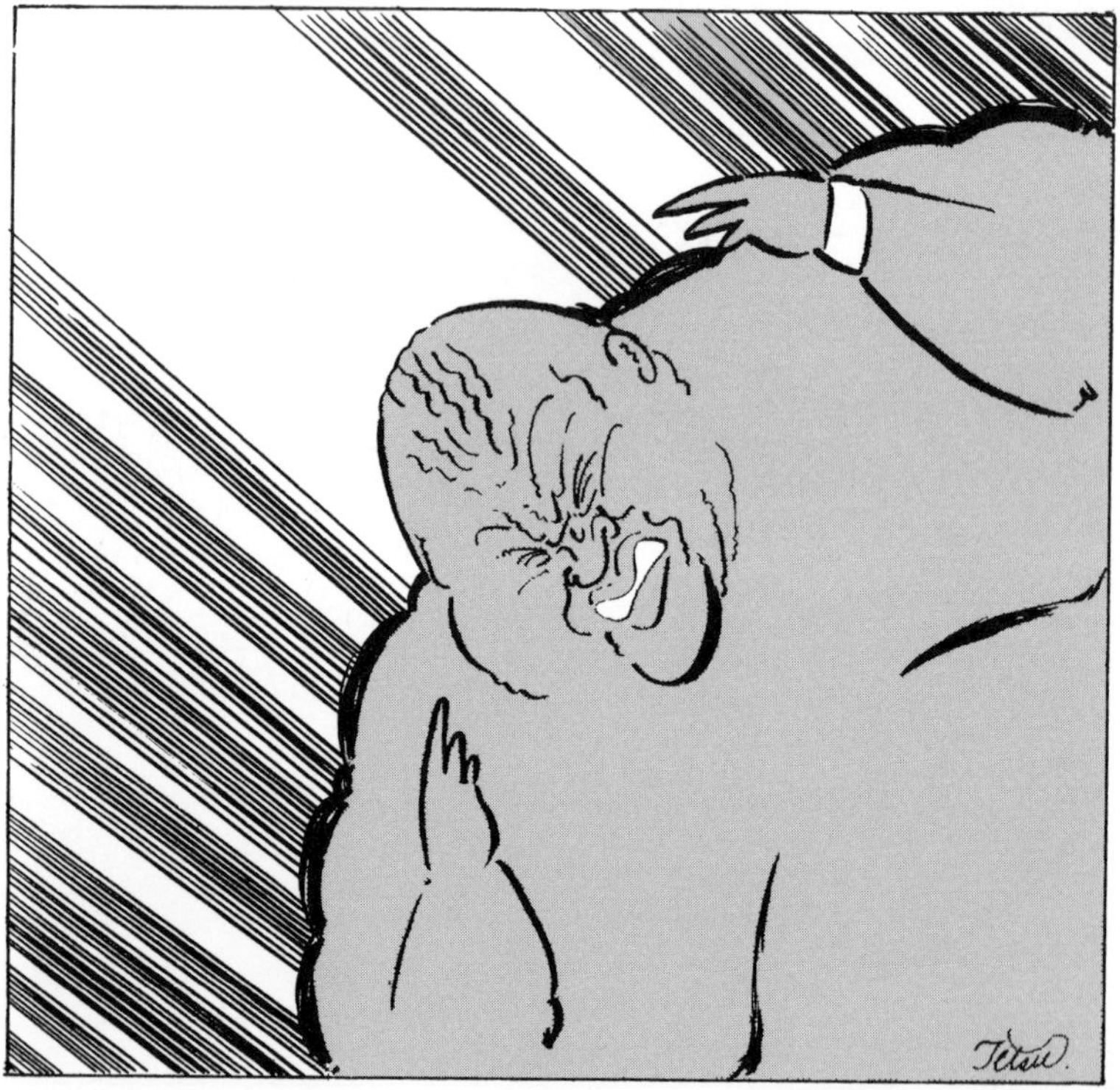

ヒール
ナンバーワン！

アブドーラ・ザ・ブッチャー

血で血を洗う凄惨な試合。尖ったつま先、脅威の頭突き、空手、全身これ凶器のブッチャーの試合は常に凄惨を究めた。特に印象深かったのは、ファンク兄弟との決勝戦だ。テリーの腕にフォークを突き刺すブッチャーの残虐さに目を覆った人も多いはず。しかし、その残虐さとは似つかわしくない叫び声、愛嬌のあるくりくり目に人気があった。数多く来日した外国人レスラーの中でも、ヒールでは彼が文句なしにナンバーワンだろう。

プロレス界の皇帝

ビッグバン・ベイダー

まさに皇帝である。そのデビューは衝撃的だった。猪木をわずか数分でノックアウトしてしまったのだから。威圧感と腕力、凄みを感じさせる風貌、皇帝と呼ぶに相応しい強靱さを持っていた。当初は、たけしプロレス軍団の一員としてデビューしたのだが、あれはいただけなかった。お笑いのたけしがプロレス界に参入といった演出はプロレス・ファンにとってブーイングものだった。結局、いつの間にか消えてしまったが、あんなことをしていては、プロレス人気を落とすだけだ。そんなことをしなくてもベイダーは、リングの上で確固とした強さと人気を見せつけてくれた。

新日最強の
悪役レスラー

タイガー・ジェット・シン

猪木の最強ライバルである。初期の新日を支えた最高の功労者ではなかったか。シンの魅力は反則だけではなかった。カナダへ帰れば正統派のレスラーであるという事実に裏打ちされたしっかりとした基本ができていた。猪木とのからみは最高だった。見る者を熱狂させるものがあった。それもこれも猪木と手が合っていたからだろう。いつまでも忘れられないレスラーの一人である。

アンドレ・ザ・ジャイアント

大巨人そびえ立つ

身長もさることながら体重も凄かった。顔の大きさがまた凄い。まさしくジャイアントだった。国際プロレス時代、モンスター・ロシモフと呼ばれていた頃は色物レスラーのイメージがあったが、AWAでガニアに認められてからプロレスが変わった。とにかくジャイアントがリングに立つだけで壮観で、楽しかった。若くして亡くなったが、生きてもっとプロレスを沸かして欲しかった。

千の顔を
持つ男の
素顔を
一度見てみたい
ものだ、…。
案外
これだったり
して…。
Tetsu.

千の顔を
持つ男

ミル・マスカラス

リング上で初めて見た時の印象は強烈だった。均整の取れた肉体と仮面、そして空を飛ぶ素早い動き。最高の仮面レスラーだと思った。試合ぶりは正統派で、多少高慢なところも見られたが、それを差し引いても魅力あふれるレスラーだった。しかし、その後のマスカラスはいただけない。筋肉が落ちて、動作が鈍くなっていた。そんなマスカラスなど見たくなかった……。

テリー・ゴーディ

テキサスの暴れ馬

全日の人気レスラーの一人だった。全日で育ったレスラーといってもいいほど、日本で強くなってアメリカで人気の出た選手だったと思う。鶴田や天龍と数々の名勝負を残し、特にタッグで名勝負を繰り広げた。荒々しい中に人間味あふれるレスラー。彼も若くしてこの世を去った。その死が惜しまれる。

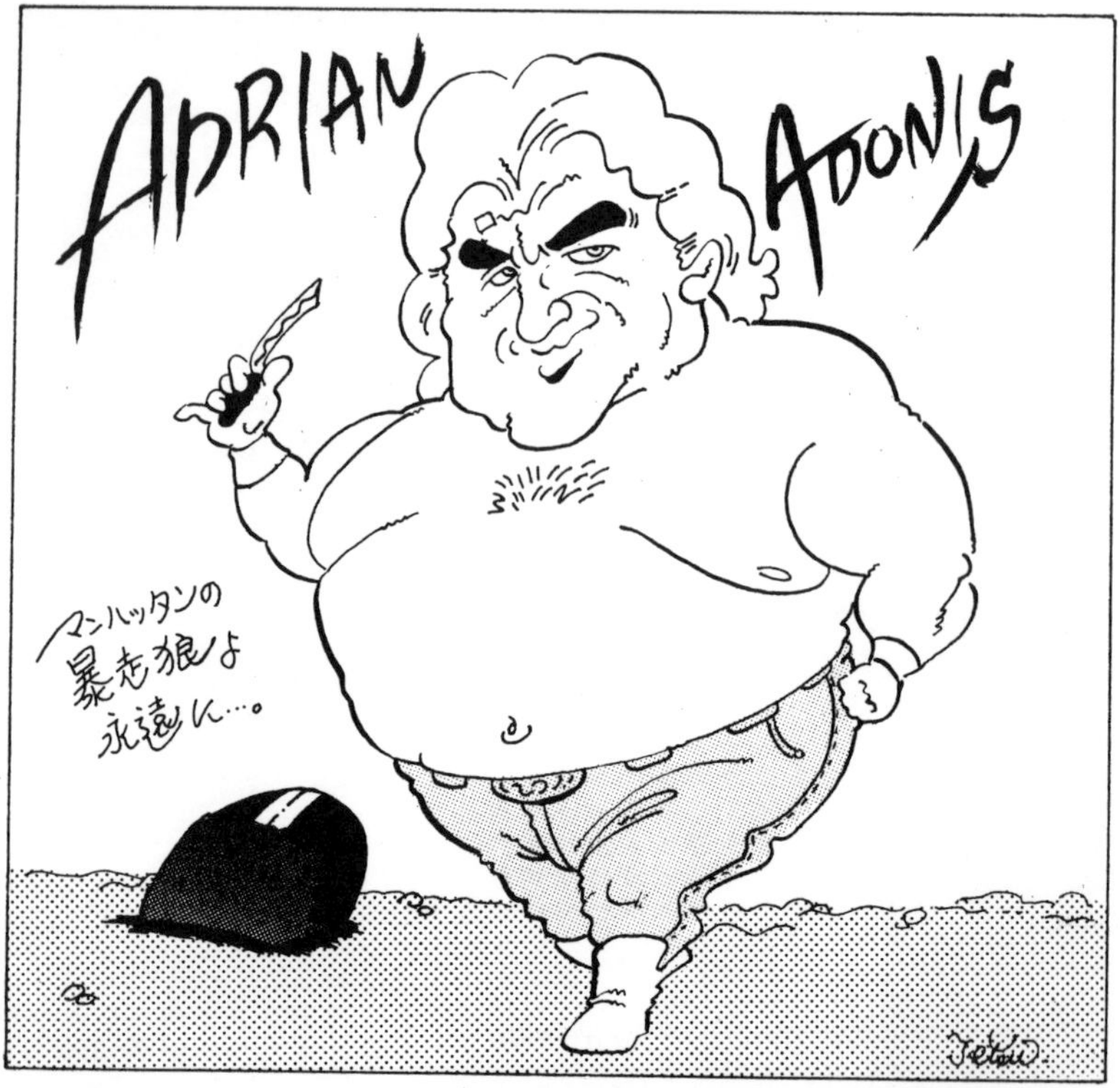
ADRIAN ADONIS
マンハッタンの
暴走狼よ
永遠に…。

暴走族レスラー　アドリアン・アドニス

革ジャンが最高に似合うレスラーだった。試合ぶりも洗練されていて、雰囲気もよかった。体格はお腹が出ていてそれほど恰好のいいものではなかったが、リングに立つとスマートに見えた。実力もあった。技の切れ味は抜群で、見る者を堪能させるものがあり、人気の高いレスラーの一人だった。主に新日で活躍し、若くしてこの世を去った。革ジャンを見るとアドニスを思い出す。

ダイナマイト・キッド

弾丸小僧

タイガーマスクの好敵手として登場したキッドは、たちまちのうちにファンを魅了し、多くのファンを獲得した。シャープな動きときびきびした動作、切れ味鋭い技、コーナーポストからのフライングヘッドバットは一撃必殺の威力があった。不世出のレスラーとして記憶に残っている。後年は身体を痛め、闘病していると聞いた。一日も早く元気になってくれるよう祈っている。

王者の中の王者　**リック・フレアー**

ＮＷＡの王者として長きに渡って君臨し続けたレスラーである。見かけだけで判断するとそれほど強いレスラーには見えなかったが、打たれ強さが凄かった。また四の字固めという決め技もあり、醸し出すオーラは王者のオーラそのものだった。彼が登場するとリングが俄に豪華絢爛となる。それほど好きな選手ではなかったが、気になるレスラーの一人であった。

ディック・マードック　職人プロレスラー

外人プロレスラーの中でもとりわけ職人の雰囲気を醸し出していたのが彼である。テキサス育ちらしい大らかなプロレスで観客に人気があった。均整の取れたレスリングをする人で、見る者を飽きさせないところもよかった、ファンへの対応もよく、来日回数も多かったように思う。好きなレスラーの一人である。

グリズリーと言うよりも…
♪トットロトトロ〜♪
Tetsu.

おお！
マウンテン

ビッグ・ジョン・テンタ

ずんぐりむっくりの体型はそれだけでユーモラスだったが、テンタは元相撲取りでその頃の体型のままレスラーをしていた。ただ、相撲取りであるにもかかわらず、動きはシャープで軽快だったように思う。一時期人気が出たが、やがていつの間にか消えた。

メキシコ生まれのクロネコは
大和魂をもってるんだ。
Tetsu.

ブラック・キャット

新日前座の太陽

誰からも好かれたレスラーであった。前座にキャットがないと何となく落ち着かない。それほど生き生きと元気よくプロレスを楽しんでいるように見えた。テクニシャンでしっかりした基本を持っていたからどんな相手にも対応できた。安心して見ることのできたプロレスラーであった。彼も若くしてこの世を去った。残念である。

ドリー・ファンク、テリー・ファンク

兄弟揃って世界チャンピオンである。奥行きの深いドリーのプロレスとアグレッシブな動きをみせるテリーのプロレス。好対照だったが、どちらもさすがは王者、といった雰囲気を併せ持っていた。特にテリーの日本での人気は凄かった。テキサスブロンコらしい荒々しくタフな試合が多くの人のハートをがっちりと掴んだ。初期の全日を支えたレスラーの一人である。

テキサスブロンコ

ロード・ウォリアーズ

瞬殺！秒殺はあたりまえ！

アニマルとホーク。一時代を作ったレスラーである。ロード・ウォリアーズの試合は、秒殺、瞬殺が多かった。スピードとアグレッシブな技でアッという間に敵をリングに沈めてしまう。タッグコンビとしては史上最強ではなかっただろうか。強さもそうだが、人気もあった。彼らの出るリングは常に超満員だったように記憶している。

全日のリングで舞った大鷲 スパイビー

来日レスラーの中では印象の薄いレスラーである。特徴がどこにあったのか、どんなレスリングをしたのか判然としない。来日回数も少なかったように記憶している。アメリカではメインを張っていたレスラーのようだったが日本ではセミが多かったように思う。

ブラック・タイガー

タイガーマスクの宿敵

虎の穴の出身でタイガーを倒すためにイギリスからやって来たブラック・タイガー。タイガーマスクの宿敵であった。好勝負を繰り広げ、観客を沸かせ、ファンを魅了し続けた。技といい動きといい、最高のレスラーだった。タイガーマスクを語る時、彼を抜きにして語れない。

キッドのいとこ

スミス

ダイナマイト・キッドのいとこである。キッドと違い、肉体的に優れていた。やがてアメリカのWWWFで頭角を現し人気レスラーになった。ハンサムなレスラーで女性に人気があり、その華麗な肉体美に魅了されたファンも多かったのではないか。

ボブ・バックランド　童顔の帝王

童顔である。田舎の小僧のような顔をしてめちゃくちゃ力が強かった。ＷＷＦで王者として君臨していたこともある。胴が長く、足が短いレスラーであったような印象を受けたが、技も豊富で猪木と名勝負を繰り広げた。忘れ得ぬレスラーの一人である。

◉第7章◉

女子プロレス

アイアム・女子プロレス

長与千種

女子プロ全盛期のエースである。女版猪木といったところか。カリスマ性とファンを惹きつける一挙一動に多くの女子プロファンは熱狂したのだと思う。当時の女子プロレスの人気は異常なほどに高まっていた。会場という会場が満員になり、絶叫がこだましていた。それがどうだ。今はそのかけらも見られない。さまざまな要因があるだろうが、エース長与千種人気の衰退もその一因に挙げられるかもしれない。

ライオネス飛鳥　千種と人気を二分

千種のライバルであり、友であり、名コンビでもあった飛鳥。彼女の特徴は、格闘技系の技が多かったことである。キックやパンチ、固め技を駆使して闘っていたように思う。千種もそうだったが、二人の技には共通するものがあった。単身でももちろん魅力はあったが、千種とのからみで飛鳥の良さはより強調されていたと思う。千種と共に、記憶に残るレスラーの一人だ。

女子プロ界の大悪役　ダンプ松本

とにかく強烈な悪役スターであった。醸し出す雰囲気はもとより、バケツを使って殴る蹴るの反則技は、空恐ろしいまでの迫力があった。ダンプが登場すると常に館内には悲鳴の渦が湧き起こった。憎まれ役がはまるレスラーで、女子プロレスの中でも最高に残忍非道な悪役ではなかったか。女子プロレス繁栄の一翼を担ったレスラーであった。

ブル中野

悪役を超越した悪役

てっぺんに向かって尖った髪の毛の大胆な化粧に特徴のあった大型レスラーである。ヒールなのだが、存在がヒールというだけで技は正統なものが多かったように思う。体格もよかったし、一つひとつの技が大きかった。荘厳な雰囲気を醸し出し、独特のオーラを感じさせる孤高のレスラーであった。中野が出るとリングが異様に華やかになる。そんな雰囲気も持っていた。懐かしいレスラーである。

女子プロレスの鬼

デビル雅美

般若の面を被っての登場シーンが印象に残っている。体が大きく、技の切れ味もすごかった。女子プロレスとは思えない迫力を感じさせ、ファンを魅了し続けた。とにかく強い選手だったというのが印象だ。デビル雅美なくして女子プロの全盛はあり得なかったのではないか。それほどその存在は強烈だった。忘れ得ぬ選手として、ファンの間でいつまでも語り継がれる選手の一人であることは間違いない。

FR
EE
Tetsu.

JBエンジェルス（立野記代・山崎五紀）

女子プロ名物タッグ

二人共に美人だった。スタイルもよく雰囲気もよかった。プロレスをするなんて思えない風貌で、跳び技を繰り広げる。そのギャップがよかった。女性にももちろん人気があっただろうが、男性にも人気の高かったレスラーである。勝った試合よりも負けた試合、悪役にいたぶられている試合のほうがなぜか印象に残っている。二人ともやられ方に魅力のあった選手でもあった。

もう何年も前になる。
高校を卒業してスグに
別の高校に通う友人
から
『うちの学校から女子
プロレスに行った娘が
いる!』と聞かされた。
あわてて卒業アルバムを
見せてもらった。
たくましくもやさしそうな
女性がそこにいる。
その女性こそ現在の
C・豊田である――
マエオカ(談)

コンバット豊田　陽気で豪快なヒール

体格の良さが際立った選手のように記憶している。悪役としてずいぶん長い間活躍した。女子プロだけでなく初期のFMWにも参加していたと思う。男性と闘っても遜色のない体格と根性のある選手だった。ヒール独特の化粧がよく似合ったが、多分、リングを下りればやさしい人なんだろうな、そう感じさせる瞬間もあった。

キック、キック、キック

風間ルミ

小柄だがグラマーでしかも可愛い。それなのにキックが強かった。風間の試合では、キックの印象しか残っていないほどだ。それほど強烈なキックだったのだろう。色黒だが目がパッチリして、女性より男性に人気のあるレスラーではなかったか。リングに映えるレスラーの一人であった。

尾崎魔弓

ビジュアルレスラー

妖艶な雰囲気を醸し出す魅力あるレスラーだった。男性週刊誌のグラビアを飾ったことも一度や二度ではない。美人でしかもスタイルがいい。しかし弱くはなかった。技も豊富でリングの中で華麗な闘いを見せてくれた。多分、プロレスが好きだったのだろう。そんな気持ちが伝わってくるプロレスを見せてくれていた。今はどうしているのだろうか。もう一度会いたいレスラーである。

女三四郎

神取 忍

元女柔道王である。その実績をひっさげて女子プロレスに入団してきた。男と見まがうような激しい試合をみせ、関節技で次々と相手をねじ伏せた。説得力のある強さを感じさせるレスラーであった。魅力もあった。さっぱりした気性が試合にもよく表われ、見る者にすがすがしさを与えた。今は国会議員として政治の世界にも進出している。だが、まだ現役のようでもある。女子プロレス再度の隆盛をお願いしたい。

ダイナマイト関西

どはずれたぶっ飛び迫力！

体格が立派だった。リングネームを変えてから一気に強くなったレスラーで、たちまちのうちにスターにのし上がった。スケールの大きい技と圧力のある攻撃で敵を潰していった。ヒールだったかどうかは記憶に定かではない。ただ、迫力のある技だけが妙に記憶の中にインプットされ、今も鮮やかに残されている。

かわいい妖精　キューティー鈴木

かわいいレスラーだった。女子プロレス界ナンバーワンはもちろんのこと、アイドルと比べても遜色のないレスラーだった。男性ファンの圧倒的な人気に支えられて人気を持続し続けた。試合自体はやられ役が多かったが、そのやられっぷりを見たくて足を運んだファンもたくさんいたようだ。不世出の美人レスラーである。

いや〜ん
いたぁ〜いっ
Tetsu

◉第8章◉

傑作マンガ集

しかし、いつもと様子がちがう…気が付けば、会場は猪木色に染まっていたのである…。
イノキ
イノキ
そのすべてを物語っている様に思えた―。

マエオカテツヤの
爆発！プロレス天国！
ち
新日本に観戦に行きたくなるの巻
by マエオカ テツヤ
新日本プロレスのヤングライオン
山本広吉が海外遠征から
帰国し名前を変えて
ガッデム
現在、新日マットの台風の目になった…
その名も
天山広吉

G1男、夏男、そして
元闘魂三銃士の実力派が
超悪役に転向したーー！
エゴイスト
蝶野正洋
ながい沈黙から
目覚めた男は
チャンピオンになったー
光る男！
武藤敬司
天山がなんぼのもんじゃ
武藤、橋本がなんぼのもんじゃい
オレの花嫁は『女・猪木』じゃ
！
佐々木健介

俺たちには
俺たちの
やり方がある……
サムライ
平成維震軍見参

かってアマレスで
その名を馳せた
男が現在ここに
いる…
その名も
馳浩
長州、かぶり続けた
マスクを脱いだ…
かってのストロングマシーンは
もういない…。
チャンスをつかめ
つかんでくれ！
平田淳嗣
新日イズム、
猪木イズムはオレが
守ります…。
炎の飛龍！
藤波辰爾
オレを忘れて
もらっちゃ困る！
新日マットの
落とし穴…
いぶし銀ファイト
が今日も光る。
ベテラン
木戸修

現在《いま》やジュニアの
代名詞…
今日も凄い
試合を観せて
くれッ!
大谷
晋二郎
テレアニメの
ヒーローが
ブラウン管
からやって
来た…
獣神
サンダー
ライガー
ガタガタ言うてんと
かかってこんかいっ!
オレが思いっきり
しばいたるわい!
二冠王!
金本
浩二
俺がやらなきゃ
誰がやる
俺がいなけりゃ
誰がいる
新日本にこの人あり
長州力

オレを倒せるものなら
倒してみろ!
爆殺王
橋本真也
この男に言葉はいらない…
燃える闘魂
アントニオ猪木
マンガのキャラクター紹介
みたいになっちゃったけど、
どうですか?
新日本プロレスを観たく
なったでしょ?
『百聞は一見に如かず』
とにかく私と一緒に
観に行きましょう…。
ファイターズ
新日本プロレス
Tetsu

マエオカテツヤの
爆発！プロレス天国
◎猪木ファイナル・カウント・ダウンの巻
（私も猪木の味方です）
マエオカテツヤ
ファイターズ
うしゃっ！
『燃える闘魂』アントニオ猪木のファイナルカウントダウンが始った…
'94・1・4 東京ドーム大会メイン終了後の『特別試合』と銘うたれた対天龍戦で猪木は様々な顔を見せた…
TOKYO DOME

政治家であり
自らの肉体の衰えを
充分に熟知した上で
現在なおリングに立つ
プロレスラーとしての顔…
……
試合中に何度も見せた
シビアな格闘家としての
顔…
およそ6万人もの
観客を動員させた
偉大なるプロレス界
のカリスマとしての
顔…
猪木、天龍に敗れる!

試合後に見せた新日本プロレス会長、そして最高責任者としての顔…
ワワワワワ
今日はどうもありがとうございました～…
この後、猪木のひと声で恒例の『1・2・3・ダーッ』となる訳だが、この瞬間観客、団体のワクを走え会場がひとつになる―。
ダァーーッ
ほかの誰にもマネができない、猪木だけがなせる『超・大技』である。

全試合終了後
この日すべてのメニューを消化した
猪木は
控室へ戻る花道を歩きながら
泣いていた…
試合に負けてくやしいから泣いていたんじゃない
過去の自分をふり返ってでも
世代交代を感じたからでもない
その涙の源は、猪木本人のみが知るところであろう…。
ただ、この瞬間からアントニオ猪木はファイナル・カウント・ダウンを数え始めた……。

一方、勝者でありながら天龍の表情には喜びの色はなかった。
何か、全てを出しきったカタルシスが言われもしない痛みに変化している様でもあった――。
試合には勝った……
誰もが天龍の勝利を認めた
しかし、いつもと様子がちがう…
気が付けば、会場は猪木色に染まっていたのである…。
イノキ
イノキ
イノキ
イノキ
イノキ
イノキ
イノキ
イノキ
イノキ
イノキ
イノキ
天龍は改めてアントニオ猪木の大きさとそのカリスマ性を感じたであろう――…。
全試合終了後の記者会見で天龍が言った言葉がそのすべてを物語っている様に思えた――。
『なめるなプロレス』というアントニオ・猪木の気持ちを誰かがついでいかなきゃいけないと思います

その後猪木はオランダの赤鬼柔道王W・ルスカを下し…
そして…
'95・1・4東京ドーム『格闘技トーナメント』の一戦目でオランダのカラテ家G・ゴルドーを倒し決勝戦にコマを進めたー。
◎第一回アルティメット大会準優勝者
WWFの人気者スティングと対戦の二戦目
ゴルドー戦でのダメージを残したままチョークスリパーでスティングを落とし優勝したものの…

猪木はズタボロであったー。試合終了後の記者会見で猪木はおだやかに言った…

そろそろシオドキでしょうねえ……

それは正直な普通人猪木寛至の顔であった。

END

5・12
UWF

私について来てくれるのか…。

THE U.W.F.
MAEDA
TAKADA
YAMAZAKI
Tetsu.

AKI RA
MAEDA

NOBUHIKO TAKADA
KAZU O
YAMAZA KI

UWF

Tetsu.

Lee's

東富士
Tetsu.

ニックネーム
『フラッシュボーイ』か… なつかしい ニックネームだナ…
『青春のエスペランサ』 新日時代を思い出すなァ…
『白ネコ』か だれなんだ、こんなニックネームつけたんは???
オレは宅急便じゃねエ!!

ワンシーン
男女7人秋物語の1シーン…。
も、もう遅いんや…モモコ…
……
高田 も一度 オレと勝負しろ
もう遅いんや ハセ…
……

格闘　　　　いんなんの出会い

ぱったり
わ
わ
見ろ おまえの せいで目が ハレちゃったじゃ ねーか…!!
前から 変わって ないじゃ ないっすか!!
……

大山ますたつ氏が もう牛と死闘を繰りひろげた様に オレも 動物と闘おうと 思う
エエッ
オレは UWFの リーダーとして キックとカンセツ技で 相手をKOしてやる
きっぱり
だれなんだ こんなの 連れて 来たのは

ビッグバンベイダー　その1

BVベイダー　その2

天龍　絶好調

イノキ君はすききらいなし

女子プロ三ケ条

タテノ式変化論

あとがき

プロレスなくて何の人生ぞ――そんなふうに思っていた時期があった。『週プロ』を買い、『大スポ』（東京の『東スポ』は、関西では『大スポ』）を買い、テレビを欠かさず見て、チケットを買ってプロレス会場に入る……。そんな日々を過ごしていた時期が何年にも渡ってあった。それぐらいプロレスに没頭していた。なのに今はどうだ。せいぜい新聞で知識を得るぐらいが精一杯だ。

力道山から始まって、豊登、馬場、猪木……。さまざまな選手を追いかけてきた。どの選手も魅力があった。嫌いな選手などなかったのではないか、そんな気がする。所属も問わなかった。強いていえば新日と全日とを比べれば、少し全日を応援していたぐらいだろうか。それさえもあまり差はなかった。そのぐらい全方位的にプロレスを愛してきた。

プロレスの魅力って何だろう。激しい個性と個性のぶつかり合い、それに尽きるのではないか。画一化された時代の中で、プロレスほど野放図に個性をあからさまにし、さまざまに闘いの構図を繰り広げているものというのはないのではないか。何をしても許される、許容範囲の広いスポーツ、いや、スポーツと呼ぶにはあまりにも大らかな世界がそこにあった。

もちろんそこには大胆に個性を輩出するさまざまなレスラーがいた。前座からメインまでどこを切っても違った個性が続々と飛び出てきた。見かけだけのキャラクターではない、真の個性がそこにあったのだ。だから面白かった。だから夢中になったのだと思う。

この本に登場する想い出のレスラーたちは皆、誰もがスターだ。誰もが記憶に残るレスラーだと思う。だから今一度、読者であるあなたの記憶の中に深くとどめておいてほしい。こんなレスラーたちがリング狭しと躍動していた時代があったことを――。

ブルドッグ打越

二〇〇八年二月吉日

【著者プロフィール】セトギワ・ファイターズ

マエオカ・テツヤ（絵）
1967年和歌山市生まれ。大阪総合デザイン専門学校卒業後、デザイン会社、出版社を渡り歩き、1989年芳文社新人ギャグ漫画展に入選、月刊マンガタイム誌にて「フクザツ・the・乙女心」で漫画家デビュー。漫画家稼業の傍ら専門学校数校で講師を務め、サブカルチャー誌、アウトドア誌、情報誌等でエッセイ、コラムも執筆。1998年に和歌山へUターン後、二代目桂枝曾丸と出会い「創作落語」や「和歌山弁落語」の制作を開始。今年で9年目を迎える。2006年よりテレビ和歌山「@あっと!テレわか」に出演し「瓦版屋のてっちゃん」として活躍、同年7月に出版した和歌山弁の解説書『持ち歩きペラペラ和歌山弁』はベストセラーになる。現在、上記以外には大阪アニメーションスクール特別講師でもある。**現在連載中**／「おじゃま天狗」（スポーツニッポン）毎日連載中。**著書**／『いかすプロレス天国』（鹿砦社）、『推理ゲーム5・6年生』（高橋書店）『持ち歩きペラペラ和歌山弁』（エンタイトル出版）他。**こどもまんが**／ポピー「あそびんぴっく」「あそびんクイズの森」（全家研）連載他。**テレビ**／テレビ和歌山「わかぞう」「あっと!テレわか」レギュラー出演中。

ブルドッグ打越（挿入文）
本名　打越　保、和歌山県出身、一九四九年生まれ。現エンタイトル出版編集長。編集の傍らライターとして活躍。代表作に『ホームレスの詩』『街が消えた!』など。

●右の肖像は、マエオカを打越が描き、打越をマエオカが描いた。

想ひ出のいかすプロレス天国

二〇〇八年三月一日初版第一刷発行

編　著―セトギワ・ファイターズ
発行者―松岡利康
発行所―株式会社**鹿砦社**（ろくさいしゃ）
〈東京編集室〉
東京都千代田区三崎町三丁目3-3-501
（〒101-0061）
TEL　03-3238-7530
FAX　03-6231-5566
〈関西編集室〉
FAX　0798-49-5309
URL　http://www.rokusaisha.com/
E-mail　営業部　sales@rokusaisha.com
編集部　editorial@rokusaisha.com

装　幀―西村吉彦
DTP―株式会社風塵社
印　刷―服部印刷株式会社
製本所―株式会社難波製本

落丁・乱丁はお取り替えいたします。

ISBN978-4-8463-0649-6　C0075